عسل وحشی

شاعر: شهلا لطیفی

عنوان کتاب: عسل وحشی

نام شاعر: شهلا لطیفی

طراح جلد: نیلوفر علوی

شابک: ۹۷۸۱۹۴۲۹۱۲۰۱۹

کدشناسایی کتابخانه کنگره: ۲۰۱۵۹۱۰۶۳۳

ناشر: سوپریم آرت (هنر برتر)، لس آنجلس

نشر با کمک آسان نشر

www.ASANASHR.com

فهرست

۱- کبودی زمین ۱۳

۲- تهنیت ۱۴

۳- بهار هستی ۱۵

۴- حریر خیال ۱۶

۵- پرنده سپید آزادی ۱۷

۶- اوج تفکر ۱۸

۷- مراد آب و گُل ۱۹

۸- غرق منجلاب ۲۰

۹- عسل وحشی ۲۲

۱۰- شاهراه اعتبار ۲۴

۱۱- موج آب ۲۵

۱۲- شکوه موج ۲۶

۱۳- مروارید غلتان ۲۷

۱۴- گل اعتقاد ۲۸

۱۵- لایه های ناسپاسی ۲۹

۱۶- گل های دعا ۳۱

۱۷- وجد ناهید ۳۲

۱۸- معصومیت ۳۴

۱۹- کاسه چینی ۳۵

۲۰- عقاب سیار ۳۶

۲۱- باغچه خاطره ها ۳۷

۲۲- فرخنده ۳۹

۲۳- پرده غبار ۴۲

۲۴- گذرگاه تاریک ۴۳

۲۵- سیرآب گشته ایم ۴۴

۲۶- ساحل خاموش ۴۶

۲۷- طلوع تازه ۴۷

۲۸- دهان میل ۴۸

۲۹- روزی خواهم رفت ۴۹

۳۰- ترس دارم ۵۱

۳۱- بوی تو ۵۲

۳۲- نور نیایش ۵۳

۳۳- موج غرور ۵۴

۳۴- عاطفه ها ۵۵

۳۵- مهری خدا ۵۶

۳۶- عطر غچی ۵۷

۳۷- تنهایی ۵۸

۳۸- عشقی در قلب ۵۹

۳۹- گوهری شفاف ۶۱

۴۰- عزم راسخ ۶۲

۴۱- رمز هستی ۶۴

۴۲- نوای نهفته ۶۵

۴۳- تندیس شهوت ۶۶

۴۴- شکوه برف ۶۷

۴۵- گرمی لطافت ۶۹

۴۶- لاله سوگوار ۷۰

۴۷- خط بطلان ۷۱

۴۸- جاودانه بمان ۷۳

۴۹- خوشدلی ۷۴

۵۰- خیمه های بلند ۷۵

۵۱- زندگی باکیفیت ۷۶

۵۲- هوس های برافروخته ۷۷

۵۳- جنس تبه کار ۷۸

۵۴- داغ های نهفته ۷۹

۵۵- نزهت گل ۸۰

۵۶- پیوند دو عشق ۸۱

۵۷- عجز روح ۸۲

۵۸- آغوش مهربان ۸۳

۵۹- عار نیست ۸۴

۶۰- پر گشایم ۸۵

۶۱- تولد فردا ۸۶

۶۲- شوق دیدار ۸۷

۶۳- خوشی قلب ۸۸

۶۴- همنوع ۸۹

۶۵- با من بمان ۹۱

۶۶- شگفتی ها ۹۲

۶۷- بن بست ۹۴

۶۸- بستر احساس ۹۵

۶۹- گیسوان ظلمانی ۹۶

۷۰- ایکاش ۹۷

۷۱- حریر نیاز ۹۸

۷۲- روزهای دشوار ۹۹

۷۳- رسایی عقاب ۱۰۰

۷۴- خاطره ۱۰۱

۷۵- عشق فسانه است ۱۰۳

۷۶- معلم ۱۰۵

۷۷- قید ۱۰۶

۷۸- خانه مقصود ۱۰۷

۷۹- گنجینه صفا ۱۰۸

۸۰- فاصله ها ۱۰۹

۸۱- عظمت امید ۱۱۰

۸۲- جنسی (تقدیم به قربانیان زنای به عنف/ تجاوز) ۱۱۱

۸۳- عشق به وطن ۱۱۳

۸۴- در بساط دل ۱۱۴

۸۵- آب احساس ۱۱۵

۸۶- بال های پرنده ۱۱۷

۸۷- ناله ها ۱۱۸

۸۸- حس لبانش ۱۱۹

۸۹- حس آزادگی ۱۲۰

۹۰- گل شب بو ۱۲۱

۹۱- بی غوغا ۱۲۲

۹۲- نردبان ۱۲۳

۹۳- می پندارم ۱۲۴

۹۴- عقاب ۱۲۵

۹۵- ایمان ۱۲۷

۹۶- صلاح ۱۲۹

۹۷- سرمستی ۱۳۰

۹۸- اشعه نیایش ۱۳۱

۹۹- استقبالیه ۱۳۲

۱۰۰- سپیدی چشمانم ۱۳۳

۱۰۱- تنفس مخمور ۱۳۴

۱۰۲- جرقه نیاز ۱۳۶

۱۰۳- وجودی (استقبالیه از این بیت غزل جناب حیدری) ۱۳۷

۱۰۴- از برای گرامیداشت احمد ظاهر ۱۳۸

۱۰۵- ستر پرنیانی ۱۳۹

۱۰۶- لایه های تعصب ۱۴۰

۱۰۷- تمجید ۱۴۱

۱۰۸- افاق آرزوها ۱۴۲

۱۰۹- عشق همدلی ۱۴۳

۱۱۰- چشمان یتیم ۱۴۴

۱۱۱- خواست آزادی ۱۴۵

۱۱۲- عشق شیرین ۱۴۷

۱۱۳- نیات ۱۴۸

۱۱۴- چشمان معصوم ۱۴۹

۱۱۵- پوستم ۱۵۰

۱۱۶- شهدخت ۱۵۱

۱۱۷- سیلاب ۱۵۲

۱۱۸- باران و عشق ۱۵۳

۱۱۹- شادی با توازن ۱۵۵

۱۲۰- چاردهی ۱۵۶

۱۲۱- سفر با کتاب ۱۵۷

۱۲۲- باغچه ی ذهن ۱۵۹

۱۲۳- نیم رخی ۱۶۰

۱۲۴- سایه ها ۱۶۲

۱۲۵- تعمق در نگاه ۱۶۳

۱۲۶- باغ تمنا ۱۶۴

۱۲۷- بی اضطراب ۱۶۵

۱۲۸- درخت استوار ۱۶۶

۱۲۹- نزدیکی ۱۶۷

۱۳۰- شوریدگی ۱۶۸

۱۳۱- گیسوانم ۱۶۹

۱۳۲- طنین خوشبختی ۱۷۰

۱۳۳- لبانم ۱۷۱

۱۳۴- مروارید سیاه ۱۷۲

۱۳۵- گونه های گیلاسی ۱۷۳

۱۳۶- التیام زخم ها ۱۷۵

۱۳۷- اهداء به ابوذر ۱۷۶

۱۳۸- سفره هفت سین ۱۷۸

۱۳۹- جرقه ۱۷۹

۱۴۰- روشنی ۱۸۱

۱۴۱- پاره ای از اسطوره ۱۸۳

۱۴۲- نخل صلح ۱۸۶

۱۴۳- اوج آه ۱۸۸

۱۴۴- دقیقه های متروک ۱۸۹

۱۴۵- بهای پول ۱۹۰

۱۴۶- برگ آفتاب ۱۹۱

۱۴۷- پرده ی آزرم ۱۹۲

۱۴۸- شکفتن اعماق ۱۹۳

۱۴۹- شهر آفتابی ۱۹۴

۱۵۰- مردان ۱۹۶

اهداء به فرخنده، خاطره و ابوذر

آن قربانیان وحشت و جهالت خانمانسوز که نمونه های برجسته ای از ظلم و ستم روزگار اند. یاد "فرخنده" گرامی و قلب و روح "ابوذر" و "خاطره" با نور امید و استقامت انسانی فروزان بادا.

۱- کبودی زمین

تو مرموزی

چون عقاب خواب آلود روی حصار تاریخ ای گردش دوران

و مانند کبودیی زمین با این همه ظلم در ستیزی و یک جدال

و ما کودکان محنت کش قرن مشتاقیم

تا قفل اسرار ترا را با سرانگشت صلح بگشاییم

در باغچه آرمان

۲۰۱۵-۰۸-۰۶

۲- تهنیت

پیرهنم را در شفق با مستی نسیم غنچه کن

دامنش را با التماس عشق

و گل های سرخ سراپایش را با دستان سحر تازه کن

تا از تن من و بستان پیرهن

بامداد بتو تهنیت گوید

۲۰۱۵-۰۶-۰۶

۳- بهار هستی

بهار هستی در اوراق خاطره ها ریخت

از راز پدری که با احتیاجی سر خم کرده بود پشت در همسایه

در یک شب سرد زمستان

سِری زن ستمدیده ای که شب ها در کنار مردی خفته بود

فقط از برای نان

درد دوشیزه ای که چهار خواهرش را با تنهایی داشت زیر بال

و غم های پسربچه ای که فقط چشم گشوده بود

به سردی های دوران

۲۰۱۵-۰۱-۰۶

۴- حریر خیال

در شب که خموشی حکمفرماست وجودم در سراپرده ی لحاف می پیچد

دستانم در دو کنار بالش چون ساقه های از محبت می دمند

رخسارم بروی حریر خیال می رقصد

و منم، سکوت تنهایی و حس ملکوتی رضا

که نه تپشی آغشته است در میان

و نه وجودم در منت احسانی است سرگردان

فقط من با جسمم که در سکوت محض غنوده ایم با رؤیا

۲۰۱۵-۳۱-۰۵

۵- پرنده سپید آزادی

کودکان در خلوتگاه شان پرنده سپید آزادی را دارند در آغوش

 که هر گاه و بیگاه با اشتیاق به آن می کنند رجوع

و هر شب خموشانه در لای لحاف از رنگ و رو رفته

یا در کنج تاریک تنهایی ایشان با آن پرنده

دارند راز دل

آیا پرنده سپید گاهی آزاد خواهد شد از ذهن اطفال

دستان تبعیض و ظلم دوران

آیا پرنده، روزی بال هایش را به واقعیت خواهد گشود به روی تباهی
جهان و اشک آواره گان

و بی گهی

همتش را کسب خواهد نمود با گرمی آغوش کودکان؟

۲۰۱۵-۲۶-۰۵

۶- اوج تفکر

لبم در ستیز است با هوش من که آیا بخندد

ببوید

ببوسد

و یا خموش ماند چون بلبلی در قید؟

بی تردید که دوست دارد شکفتن را در گوش یار

بر پوست نیاز

به رخسار کتاب

بسوی پروانه ها

در اوج تفکر

و در ردیف افسانه ها

تا بی تکلف خود باشد

پاک و مست و بی ریا

۲۰۱۵-۲۵-۰۵

۷- مراد آب و گُل

بهار می گذرد

پیمان های صفا بین مراد آب و گُل می شکنند

گل به زردی پائیز بهار پا می نهد

آب در ریشه ای یک نخل دیرین جان می دهد

باز هم سرمای تنگ روزگار

روی فرش بستان جا می گیرد

هردوی آن آب و گل از ریشه ها در میان سردی باغ خموش به یکدیگر قریب شده

از برای گرمی پیکر شان در همدیگر می پیچند

بازهم بوی لطافت های عشق با سواء هر دو سر میزند

تا زمستان سپید را به امید بهار فردا با یکدیگر طی کنند

چون دو رفیق همراه

هم ستیز با سرما

۲۰۱۵-۱۸-۰۵

۸- غرق منجلاب

از کشمکش سیرآب گشته ایم

با جهل عام، رهزنی و غم های ذلیل غرق منجلاب گشته ایم

یک روز خبر مرگ دوشیزه مجروح

کشتار و تبه کاری با سرکشی روح

قبولی ننگ تجاوز به کودکی

بریدن رگه های حس مادری

مسموم کردن هر مغز، بی مجال

با حرف پر از کینه و تبعیض بی مثال

تریاک و ناامیدی هردو با دست هم

گشته غذای روح هر فردی پر از غم

مغروق اعتیاد اند نخل های نیک سرشت

برباد رفته نور فرزانه ای بهشت

تفنگ و کارد و دست، ابزاری انتقام

بگشته همه رسم هر جاهل بی نام

بربریت در تمدن، باز رو تازه کرد

در مزرعه تابان باز خشکی هدیه کرد

انسان شده مطیع احکام بی معنی

در حلقه معتاد گره خورده آدمی

بریدن یک گردن مادر، روش حق

پنداشته میشود و از خشم مستحق

حیف است که زمانه و گردش روزگار

از قعر الم داد میزند بی اعتبار

۲۰۱۵-۱۴-۰۵

۹- عسل وحشی

تو را به یاد دارم

مثل روزهای که از دهان تو بوی سیب و عسل وحشی می بارید

چنان به یاد دارم

که با تنت در لای عطر اندام من غوطه می خوردی همچو پرنده تشنه ای در آب باران

یادت است که از توت زمینی و انار برایم می گفتی؟

از شاخه ی تر نیاز که در میانه باغ وصال آرمیده بود؟

من ترا چنان به یاد دارم

وقتی شام می شود و حریر سیاه به روی جهان می دمد

آن زمانی ست که تو را دیوانه وار به یاد می آورم

چون شعاع ستارگان خموش در پشت ماه

و همچو شب های تابستان گرم خاطره ها

که جز رؤیایی بیش نبودند

۲۰۱۵-۱۲-۰۵

۱۰- شاهراه اعتبار

در شاهراه اعتبار به نفس با متانت خواهم شتافت

کوه ها را خواهم پیمود

با کبودی ها زخم خواهم برداشت

به روی صخره ها خواهم لغزید

شعاع خورشید را با تحمل خواهم بلعید

تشنه گی را طاقت خواهم آورد

لیکن از پا نخواهم افتاد

آخر، در طی کردن هر جاده باید سفت شد چون سنگ

۲۰۱۵-۰۸-۰۵

۱۱- موج آب

اگر نخواهم رخسارم را آفتاب بدهم

موهایم را در موج آب رها کنم

دستانم را در دست مهتاب بپیچم

دیگر از گل ها نبویم

پروانه ها را تعقیب نکنم

پیرهنم را در آغوش باد نسپارم

و آیینه را با پرده ای بپوشانم

هیچ یک را از برای رفتن تو نکرده ام

همه را از برای این دل کرده ام که نباید بشکفد بار دگر

به روی ریا

۲۰۱۵-۰۶-۰۵

۱۲- شکوه موج

در شکوه موج احساس مرا هیچ نگفت

وقتی غلتید روی جسمم بی روح

نعره زد خشم بگفت

شب گذشت راهی بن بست زمان

فردایش بی دلیل لعن بگفت

سال ها تلخ گذشت

سرانجام با تقدیس نگاه ام از کدور

و با اشعه ضمیر پرغرور

خود به پا ایستادم

تا در سراپرده اسرار تنم

وز برای ارج میزان دلم

بدرخشم به واقعیت چون زن

۲۰۱۵-۰۵-۰۵

۱۳- مروارید غلتان

اشک هایم را چه کنم که سراشیب اند در رخسارم

آیا هر قطره اش را با دیگری پیوند دهم تا گردنبندی از صبر گلاویز

شود در گردن من

آیا هر دانه اش را که در اطراف لبانم می غلتد

بنوشم به تجاهل تا تسلیت دهند این دل من

و یا بگذارم تا هر مروارید غلتانش بریزد دیوانه وار در قامت استوار من

۲۰۱۵-۰۲-۰۵

۱۴- گل اعتقاد

انارهای اشتیاق بدنم در زیر درخت اندیشه هایم با نسیم سرد بیاد تو

می لرزند

شاخه های وجودم که گل های عشقبازی از ترا در خود آمیخته دارند

با حس تو می لرزند

گل اعتقادم سراپا از بی اعتباری تو می لرزد

پس تو، ای گمگشته در قاموس مهر

راحتی باش در دیاری خاطرم

تا دیگر این گل ها و شاخه ها هیچ نلرزند

چون درختی عریان

۲۰۱۵-۳۰-۰۴

۱۵- لایه های ناسپاسی

(در این سروده رهبران نابکار ارتش را چنان رقم زده ام که درباره شان شنیده ام و یا در کابل که بودم، حس کرده ام)

ستمکاران روح پژمرده شان را

در لای خنده های دروغین که بوی سیگار کوبایی و شمیم ودکای روسی داشت

پیچیده بودند

فضای قلب شان را هوای درد

در یک محوطه نارضا آلوده ساخته بود

هر کدام از وقاحت وجدان آرامش میخواستند با آب شرارت آمیز در گلو

و زنان اجنبی روبرو

فردای آن روز

دوباره آراسته در کت و شلوار یونیفرم

دستور ظلم را برای نابودی مظلومان جاری می ساختند

و شب هنگام میان لایه های ناسپاسی آدمیت و انسان

باز هم غرق میشدند

در فراخنای عمیق گناه

۲۰۱۵-۲۵-۰۴

۱۶- گل های دعا

در سحر مست میشوم با مرغ خوش صدا

در سحر نور می شوم با هستی خدا

در سحر عطر می شوم چون رزی دل آرا

و در سحر غرق می شوم با گل های دعا

۲۰۱۵-۱۹-۰۴

۱۷- وجد ناهید

در تو آمیخته ام چون عطر سمن میان حریر

چون آب خموش تنگ غدیر

چون شاخ بلند با جفت انار

چون قناری مست در گلزار

چون مغز جوان در رؤیاها

چون وجد ناهید به دوری ماه

چون قهقه ای خوش یک آشنا

چون رنگ جلال برج شفا

چون صدای بلبل در گوش گل

چون رنگ شکوه ای در جام مُل

چون لطف کلام در قلب من

چون هر پیچ و تاب رقص بدن

چون کتاب نفیس مهر و سروش

چون نقاشی مستی پر رنگ و جوش

و چون رعدی عشق در بین سپهر

چون شعاع گرم مست دلپذیر

۲۰۱۵-۲۱-۰۴

۱۸- معصومیت

درختی که ریشه هایش

از معصومیت آغشته به خون آب می گیرد

با حبس آزادگان

گل می کند

۱۹- کاسه چینی

آلوهای نقش شده در کاسه چینی عتیقه را با مهر نگریستم

چون خاطرات کودکی ام را از لابلای باغ های چهلستون و دارالامان زنده کرد

و با ملایمت

هر دو آلو در برگ های نفیس شان پیچیده بودند

از برای محافظت عطر من

به مشام خاطره ها

۲۰۱۵-۱۵-۰۴

۲۰- عقاب سیار

دختری ندارم

وجودم از برای طلبش زیاد نالید

پوستم از نیاز نوزاد چشم براقی در آغوش تنم دو بار انبساط کرد

و هوشم رهسپار جاده موشکافی ها شد که آیا دختر من چگونه خواهد بود

آیا طبیعتش، آتشین خواهد بود چون مادرش

آیا قامتش کوچک خواهد رویید چون ریشه من در پیکرش

آیا ذهنش بارور خواهد شد چو گل های همیشه بهار

و آیا هم روحش آزاد خواهد بود چو عقاب سیار

گر چه تنم با بوی پسر باربار آغشته گردید

لیکن تا ابد در دل نغمه خواهم سرود

برای دختی که هرگز از عطرش انباشته نشد

آغوشم

۲۰۱۵-۱۲-۰۴

۲۱- باغچه خاطره ها

وقتی عشقی در دل بمیرد

هیجان کنار میرود

دیگر بوسه ها بوی سیب نمی دهند

لمس دستانی، پوست را نمی جنباند

چشمانی خسته در انتظار پیامی راه نمی کشند

دل دیگر با صدایی تکان نمی خورد

از نو، سرور روز را در شعاع آفتاب می جویی

و شوق نیمه روز را در ریزش باران های بی انتها در میابی

دیگر هر صبح دلواپس نامه ای نیستی

فکر و هوشت اکنون در توازن استند با هر گام دلت

و شب ها در نیایش فرو میروی تا خیال بستن دستان عشق دور گردنت

تا اینکه یک سحر

ناگهان دریچه را می گشایی به روی آن باغچه فراموش ناشده ای خاطره ها

و قناری را می نگری که خفته است در شاخه درخت سیب برهنه

با آرزوها

۲۰۱۵-۰۹-۰۴

۲۲- فرخنده

فرخنده در ضمیرش چون تو آرمان داشت بیکران

در میان قلب مجروح درد و غم های نهان

هر بیمار زبون و ناتوان

دست رحم پوید و لبخند زلال

هر مظلوم ستم دیده و خوار

عشق خواهد ز درون اعتبار

هر شکسته، حقیر و بی توان

صله ای رحم را داند درمان

هر افتاده و سنگسار و غمین

دست گیرای بپوید با ایمان

ای که افسوس آن ابلیس شریر

بهره جسته از زشتی مان

ما که هریک چه واژگون در سرشت

از درون با درد هستیم یکسان

می دریم، می شکنیم انسان را

زیر پا کرده ایم نخل ایمان

رنگ صلح را در آغوش شفق

باید جست با روح رخشان

تا فروغ حق صاف بدرخشد

در میان تلخی و ظلمت عام

و دیگر جسم لطیف هیچ زن

زخم و توهینی نبیند با زبان

موی و رخسار ظریفش با خون

رنگ نگیرد و با دستی ویران

آتش خشم و کدورت و فساد

محو گردد با جهدی همسان

مشعل نور و آگاهی عقل

بود یگانه فروغ وجدان

نام «فرخنده» چو نوری در قلب

مظهری باشد پاک و جاودان

۲۰۱۵-۰۸-۰۴

۲۳- پرده غبار

در روی بستر بسوی دریچه می نگریستم

دریچه ای خموش و سیاه

ماه در پرده غبار خفته بود

نوای زندگان در لای لحاف و تختواب های خرد و بزرگ- تکی و دوگانه

هم رسته بود

فقط من بیدار بودم و دریچه نیمه بسته ای روی حیاط

برای دلنوازی همدیگر ما

۲۰۱۵-۱۲-۰۴

۲۴- گذرگاه تاریک

زن خسته را که چهره اش طراوت ندارد

در هر جا می بینم

در رؤیای من که از ادامه جنگ گلایه دارد

در لای خیالاتم که سیمای افروخته اش نمایان میشود با درد

و چشمان بی فروغ زن خسته را در لای روزنامه می نگرم

به روی جلد ماهنامه پهلوی طفل بی جان

و در گذرگاه تاریک بی سر و سامان

که دیگر سخت خسته است

از جنگ

۲۰۱۵-۱۶-۰۳

۲۵- سیر آب گشته ایم

(دلم در آتش است از دیدن بی انصافی و جهالت محض چه در
چهارچوکات خانواده و یا در آغوش بی اعتماد جهان)

از کشمکش سیر آب گشته ایم

با جهل عام، رهزنی و غم های ذلیل غرق منجلاب گشته ایم

یک روز، خبر مرگ دوشیزه مجروح

کشتار و تبه کاری با سرکشی روح

قبولی ننگ تجاوز به کودکی

بریدن رگه های حس مادری

مسموم کردن هر مغز، بی مجال

با حرف پر از کینه و تبعیض بی مثال

تریاک و ناامیدی هردو با دست هم

گشته غذای روح هر فردی پر از غم

مغروق اعتیاد اند نخل های نیک سرشت

برباد رفته نور فرزانه ای بهشت

تفنگ و کارد و دست، ابزاری انتقام

گشته هر یک رسم هر جاهل بی نام

بربریت در تمدن، باز رو تازه کرد

در مزرعه تابان، خشکی هدیه کرد

انسان شده مطیع احکام بی معنی

در حلقه معتاد گره خورده آدمی

بریدن یک گردن مادر، روش حق

پنداشته میشود و از خشم مستحق

حیف است

که زمانه و گردش روزگار

از قعر الم داد میزند

بی اعتبار

۲۰۱۵-۲۶-۰۳

۲۶- ساحل خاموش

دلم می خواهد به ساحل عشق در خیالی سفر کنم با استغناء

ساحلی که در آن مردی باشد برای من تنها

مردی که با دستان گشاده اش روحم را در آغوش انسانیت دهد پناه

و با مهر از لبه های قایق لمیده روی آب شفاف

برگ های نخل را برای راحت پاهایم برچیند

دستانش را که آستین های بالا زده رنگ جسارت میدهد در زیر آب
قایق غوطه دهد

تا برای من ماهی شکار نماید

من به رخسارش بخندم با لطافت غرور

و از بین انگشتانش که انگشتان مرا بوسه می زنند

ماهی قشنگ را دوباره رها کنم در آب، با سرور

تا آن ماهی هم مانند من در سکوت ساحل

با آزادی کند شنا

۲۰۱۵-۲۵-۰۳

۲۷- طلوع تازه

ای سال نو با آمدنت نور بیاور

اینجا چراغ را یخ زده است

قندیلی از ناهید

بوی بهشت را هدیه بیاور

اینجا سرور را قحط زده است

و آزادی را به خوشه ها سوغاتی بیاور

حُریت را ننگ زده است

ای سال نو

ای طلوع تازه

ترا با مزایای نهفته ات درود

سرانجام بیا و بر ما بدرخش شادمانه

۲۰۱۵-۲۰-۰۳

۲۸- دهان میل

بر لبم بوسه بزن بی انتها

تا مستی ره گشاید بر دلم

و شربت خوش ملوس نیاز

قطره قطره بریزد از میان لب من

بر دهان میل عشق به خوشه ها

۲۰۱۵-۱۶-۰۳

۲۹- روزی خواهم رفت

من روزی خواهم رفت در خاطره ها

در تکاپوی ذهنی از بیدادگری

در افسانه ها

من نهراسم از نوازش سراپایم با دست شیرین بیان

لطافت های وجودم را نادیده نخواهم گرفت

و تپش های یک زن زنده را در دل نخواهم داشت نهان

باید از خود گفت-از یک زن

از رسته های بی بند و باری اندیشه ها در پله های افکار رنگ رنگ

و از خواست وجودم که تشنه ای نوازش های راستین است بی درنگ

من نخواهم هراسید از غرش ناله هایم در بالین عشق

از بوسیدن چشمان تو در سحر

و از فریاد توقع مان چون امواج بحر

من خواهم سرود با بی باکی های آزادگی در چوکات قاعده های بی مرز

و بوم

تا زن را با همه توانایی هایش زینت بخشم با دست نور

۲۰۱۵-۱۶-۰۲

۳۰ - ترس دارم

خیلی ترس دارم از شکستنم در انتهای راه

در لای پیله اعتماد

از پیاله چای دلخواهم در سفره بامداد

از پوستم با خنکی زمان

از هوشم با اختلال دوران

خیلی ترس دارم از شکستن همتم در طول راه

از قامتم با دردها

از انگشتانم به اطراف میله ها

از نگاهم در عمق رنگ ها

از حلقه دستانم به گردن مرد بی اعتنا

و از زخم وجودم در بادها خیلی ترس دارم

۲۰۱۵-۱۰-۰۲

۳۱- بوی تو

پوستم را قبل از لمس

ببوس

بگذار لایه های اعتماد من بشکفند با بوی تو

۲۰۱۵-۱۴-۰۲

۳۲- نور نیایش

در سردی شب حرارت را

از نور نیایش بدست آور

که فقط بتو روشنی دهد چون روزی گرم

۲۰۱۵-۲۱-۰۲

۳۳- موج غرور

بگذار در تو بخوابم چو عطر خوشی یک پیرهن

چو بوی نفیس گل یاسمن

چو قناری در شاخ بید

چو شب پره ی نرم سپید

چو طفل خموش بر دست مهر

چو دستان گرم و خوشی دلپذیر

و بگذار در تو بیدار شوم چو بلبل در آغوش باغ

چو طلوع یک روز داغ

چو امید به رنگ افاق

چو لبخند گرم یک اتفاق

چو چشم نگار به چشمان یار

چو موج غرور با اعتبار

۲۰۱۵-۰۹-۰۲

۳۴- عاطفه ها

مرد راحت می طلبد

زن محبت می جوید

مرد تلاش می ورزد

زن هدیه می بخشد

مرد قهر می کند

زن اشک می ریزد

مرد هوس دارد

زن نوازش را دوست دارد

مرد سرانجام با سؤ تفاهم، حسادت و خشم می ریزد در لای شگفتی

های زن

زن خموش, همدرد و هم صدا مرد را می بوسد عاشقانه

و از برای قرار جفتش می لرزد بر دستان مرد بی تابانه

هردو متضاد، با هست منحصر به خویشتن

با عشق و بخشندگی ست که میرسند به عاطفه ها

۲۰۱۵-۰۵-۰۲

۳۵- مهری خدا

مهری خدا را در چهچه مرغکان

قهقه کودکان

در تبسم مادری پرنور

دستان پدری با شعور

در گونه های معطر دوشیزگان مسرور

سربلندی مردان با غرور

و در صفایی مزرعه تابان رو به آفتاب با درایت بجوی

بی شمار

۲۰۱۵-۰۳-۰۲

۳۶- عطر غچی

«ای دختری بهار و بهشت»

دختری بهار و بهشت از عطر گوید

عطر مست نسترن

شکوه گلشن

عطر مست سیب با بوی سپید

عطر پرشوری جسم دلفریب

عطر غچی از شاخ نغز بید

عطر آهوی در دشت امید

عطر حس تشنه ای بر لب و روی

عطر شوق یک غرور بر سر و موی

عطر گل های قناعت و سرور

عطر هم آغوشی عشق با نور

۲۰۱۵-۰۳-۰۲

۳۷- تنهایی

تنهایی هم عالمی دارد

گر از یاد تو قصه ها جویم

تنهایی یک ارمغان امید

گر بیاد تو آرزو چینم

به خیال روی پرلطف تو و ز آن بوی دل انگیز روحت

من تنها گر رؤیاها چینم

تنهایی بس جانگداز است گر

یاد مهرت از دلم بزدایم

و بهارم فقط چو پاییز غم

گر بی تو من از شادی ها گویم

۲۰۱۵-۰۱-۰۲

۳۸- عشقی در قلب

در قلبم خوابیده است عشقی از لای نور

گرمی ظهر

خنک صبح

تپش شب

طراوت بعد از چای

گرسنگی نیمه شب

لذت انگور

شادی روز

وجد خیال

دعای نیک

با اوراق کتاب

در طنین موزیک

با تمدید غروب

در زیر باران

عشقی در قلبم خوابیده است نامرئی

۲۰۱۵-۲۵-۰۱

۳۹- گوهری شفاف

گوهری شفاف در عمق دریا می درخشید

ماهی طلایی لب به روی گوهر گذاشت از برای لمسش

خرچنگ دهان گشود از برای طعمش

ستاره آبی گوهر را نیشی زد با حسادتش

سنگ پشت به اطراف گوهر لمید با سکوتش

اسبک ماهیان گوهر را بوسه زد با سخاوتش

اسفنج دریایی فرش گوهر را پوشانید با لطافتش

و سرانجام عروس دریایی، گوهر را طعنه زد با تنگ چشمی اش

اما گوهر فقط درخشید تا نور را هدیه کند به مهرویان

سخا را تحفه بخشد به حسودان

و فروغ جاوادنه را عطیه کند به میزبان صادقش دریای بیکران

۲۰۱۵-۲۴-۰۱

۴۰- عزم راسخ

ظلمت را هم حدی ست در آن کنج قفس سرد

که رطوبت ضمیرش تعفن را در خود دارد پنهان

باید قفس را درید با عزم راسخ و سنگین

باید آفتاب را در درونش جاری کرد تا بوی خوش آزادی لایه هایش را

بپوشاند

و تا نور خورشید تاریکی هایش را میزبان شود

باید قفس را درید

شاید پنجه ها زخم گیرند

کف دستان، آبله های عمیق از درشتی ها را پیوند زنند

رخسار، یاس را در پوستش میزبان شود

و قلب تلاطم امید را گروگان گردد

لیکن، بازهم باید کوشید تا قفس را درید

بگذار درد را حس کنی در خمپاره های ایمانت

یاس را بچشی در رگه های نهانت

اما هنوز هم باید قفس را درید

تا سرانجام نور را تهنیت گویی با پرهای آزادی

۲۰۱۵-۲۱-۰۱

۴۱- رمز هستی

نوباوه ای که از تحولات اندامش خجل بود

می اندیشید آیا طراوت بدنش که آن شیره قرمز هستی را

در لای شاخه های دوگانه رخنه میدهد جرم است یا گنه؟

دوشیزه ای که با اندام بالغ و ذهن کنجکاوش

رمز هستی را از لای کتاب های کهن می گشود

و طعم عشق را از خیالات دخترانه اش در بازوان تخیل می چشید

می اندیشید که آیا احساساتش پلید است یا بیهوده؟

امروز، مجرب در شناخت وجود خویشتن

آنهمه معصومیت را دو دست از لبه های خاطرات بر می چیند

تا از برای خود و سخای طبیعت

سری تعظیم فرو آورد با یک حرمت

۲۰۱۵-۱۶-۰۱

۴۲- نوای نهفته

صدای من شعف دختربچه ایست که شادی را در آغوش پدر

و راحت را از میان دستان مادر می جوید

صدای من امید نوباوه ایست

که فریاد تمنایش را از رگ های زندگی می پوید

صدای من نغمه دوشیزه ایست

که آرمان هم آغوشی عشق را میان گل ها زمزمه دارد

صدای من دلواپسی مادری ست

که خیالات بلند فرزندش را در نیایش خود می پیچاند

صدای من ناله معشوقه ایست

که با خم و پیچ کمانه هایش در بستر عشق می تپد

و سرانجام صدای من صدای توست ای زن

ای نوای نهفته در گلوی قرن ها

پس دهن باز کن با طنین آرزوها

۲۰۱۵-۰۶-۰۱

۴۳ - تندیس شهوت

هر وقت که تشنه ای از دهن من آب می جویی

و هر گاه که در سوزی از بین من آب می خواهی

من تندیس شهوتم برای تو

با یک دهن و تن عریان

بعد از این خود را خواهم شکست بی سیرآب شدن تو

از میان

۲۰۱۵-۰۴-۰۱

۴۴- شکوه برف

(به روی غنچه شنگرفی لبانت بوس گذارم با تمنای وحدت)

وحدت من و تو در سیاهی شب

در لای حریر

به روی قالی

با گل صبح

در بین نور

با نغمه ای بتهوون و گرمای فضا

با شکوه برف

در نرمش باران

در شب با زوزه سگ تنها از فاصله ها

با تن خسته در دست عشق

با چشمان حیران در کنار پنجره

با نوای مرغان خوش صدا

رویاروی بر تن فرش

با قوت هوش ها

بر لب جوی

با بشاشیت گل

و مخمور در یکدیگر چو خواب آلودگی پروانه ها

آری، آن همه وحدت من و تو

با رضایت دو حس

با اشتیاق دو جسم

با همصدایی لذت از رگه های احتیاج من بتو

و از نعره های بلند شوق تو بمن رنگ گیرند بی اختیار

۲۰۱۵-۰۵-۰۱

۴۵- گرمی لطافت

وقتی تنم را می نوازی گل ها را بیاد آور

که گرمی لطافت را دوست دارند

نه سایه درشتی ها را

۴۶- لاله سوگوار

اگر تو با اشتیاق با آن جفت دلت عشق بورزی

روحت از پرده آزرم رها خواهد شد در دامان ملکوتی رضا

که تو فقط یکی را بنگری در همه ای این دنیا

اما اگر با جبر زمان در پای نکاح بغلتی

سینه ات داغدار خواهد بود چو لاله ای سوگوار

و چشمانت در کناره های رنگ رنگ قبیح نیاز

سرگردان خواهد ماند و بی قرار

۲۰۱۵-۰۴-۰۱

۴۷- خط بطلان

می گریم از قوت ذهنم که رنگ های سپید و سیاه روزگار را

چو خط بطلان در اطراف تن کوچک من تنیده است

با قوت ذهنم در جهان زلال می بینم

در هر کناره زندگی انرژی می پویم

در فرش زندگی سبزه نامرئی از اردیبهشت را لمس میکنم

بالا می نگرم و نور رحمت را در قالب ماه می بینم

که دلم را در سینه با قوت عشق می فشرد

چشمانم را بسته لب به دعا می گشایم که ای خدای در نهان و ظاهر من همیشه بیدار

قوت ذهنم را رهایی بخش در لای رحمتت

تا دیگر همه را یکسان ننگرم

قوتم ده با نور تفکیک تا پاکیزگی ها و لوث ضمیر را از هم جدا کنم

تا دیگر در دام نیفتم

بگذار قوت ذهنم رشته های دروغ را بدرد

و زنجیره های در اطراف دل من هرگز بافته نشوند

از زخم مکرها

۲۰۱۵-۰۲-۰۱

۴۸- جاودانه بمان

وقتی در تو می پیچم

آزاد میشوم چو قناری از بند

پس جاودانه بمان تا من پرواز کنم

۴۹- خوشدلی

ناله ها بی تکلف ریختند

حس و رنگ هم آغوشی لطیف بر تنش آمیختند

تا نوای عشق بگوش دلش جا بگرفت

مستی و جوشش قلب چو رنگ شفق حال بگرفت

رقص تن در فرش تن با خیالات سپید موج گرفت

آن چهار دست با هم در میان نوای شاد ملوس تنگ گرفت

بوی مطبوع اندام زنی

با دلاویزیی عطر خوش تنی

در میان تن یک مرد جسور شکل گرفت

تا نفس در نفسی مست رضا راحت شد

هردو خوابیدند

از بهای عشق با فطرت لوس با همدیگر خندیدند

آن بوَد رسم کامل همدلی، مهرورزی

با صداقت خوشدلی، عشق ورزی

۲۰۱۴-۲۹-۱۲

۵۰- خیمه های بلند

خیمه های بلند سپید چو کبوتران سرشار از عشق

محوطه پرسخای اند در لابلای بیتابی های دو تن

که حتی خورشد و مه از تشبث به آن می پرهیزند

۲۰۱۴-۲۷-۰۳

۵۱- زندگی باکیفیت

مردم دهکده با سادگی زندگی داشتند

زن ها در تن نازک شان پوشیده بودند با لایه های عفت

مردان با ضمیر نیک شان رهسپار مزرعه بودند میان کوه و دشت

و کودکان که طنین شان از آسایش میگفت

رها بودند در انبار گندم های مست

آن زندگی کیفیت داشت

زندگی که فقط در روایات از آن شنیده ام

و امروز آن سادگی ها را در نقاشی آویخته ی رو به آفتاب می نگرم

که لذت حیات را دارد در میانش نقش

۲۰۱۴-۲۶-۱۲

۵۲- هوس های برافروخته

هوس های برافروخته وجودش فقط مرا می خواست بدون اندیشه فردا

گفت روزی پا به درت خواهم نهاد

و در صحن خانه ات خیمه ای خواهم افراشت

ستاره ها را از تعذر به معاونت خواهم طلبید

تا قلب ترا از مهر من روشن کنند

و دریچه نیاز ترا به روی من بگشایند

من از نگرانی کوچه عوض کردم

تا میزبان دردهای نامرعی مردی نشوم که فقط مرا امروز می خواهد

بدون اندیشه فردا

۱۰-۱۳-۲۰۱۴

۵۳- جنس تبه کار

ای انسان

ای جنس تبه کار و مغلق ترین حیوان

در هوش تو سفر خواهم کرد

تا اختلال روح را در تو پیوند زنم

و قلبت را در پهنای کوه پاره ای بیآویزم

تا لایه های پوسیده اش را هوای تازه به آغوش گیرد

ای انسان

ای سُبک شده از طول زمان

بگشایمت در نور به قطعات بیشمار

تا روشن گردی با درایت خورشید

و تا قوت انسان بودنت را بجویی با اعتبار

۱۱-۲۰-۲۰۱۴

۵۴- داغ های نهفته

روز را از نورش تضمین کرده اند خیلی روشن

داغ های نهفته شب را در آن نمی بینند

با رقم

۵۵- نزهت گل

درس عشق را از رنگ شفق

مستی باد

بوی بهار

قعر طلوع

زآن مرغ سحر با محبت دریاب

وفا را از نزهت گل

سبزه باغ

سرخی رز

و از یاقوت ناب بی کدورت دریاب

۲۰۱۴-۱۴-۱۲

۵۶- پیوند دو عشق

ای مرغ مست بامداد کز دل شب برخاسته ای

راز صفای عشق را بین دو بال برچیده ای

از حال عاشقان بگو از نزهت رؤیای شان

از موج پرغلیان شب میان روح و حال شان

تو پر گشای در دل عشق راحت بگیر با یک قرار

چشم خمار و خسته را بربند از اسراری تار

قاصدک با مهر باش بین دو نخل پرامید

رؤوف و از غصه تهی، پیوند عشق را تو نوید

۲۰۱۴-۱۲-۱۲

۵۷- عجز روح

در را ببند به روی باد حزین

دریچه را به روی ابر غمین

نور خورشید را به میزبانی قلبت برخوان

سیل طوفان را به مهمانی سنگ های وزین

عجز روحت را میان پرده شب پنهان

ترس و وهم قلب را راهی یک دشت برین

گام بگذار نرم به فرش تمایل به اعجاز

خمچه کن شادی و فرحت را از شاخ های زرین

مهر و عشق را از وفای شفق مست بجوی

که گل آویز است صبرش در هر صبح بهین

۲۰۱۴-۰۱-۱۲

۵۸- آغوش مهربان

تمنای هم آغوشی را از سر برون کن

چون تن من دیگر سرد شده است از احساس

امشب با من دوست باش

از کتاب بگو،عقاید و از فلسفه بگو

بگذار تن من آرام گیرد از نوازش بیان تو

با افکار و از مفاهیم بلند احساس تو، بی خطر

بگذار دستانم یکایک در زانوان تو نقش مسرت را ببندند

و تنم با هم آهنگی تن تو در پوستش بجنبد با حس بی ضرر

تا خود با یقین رو آورم در آغوش مهربان تو، بی حذر

۱۱-۲۵-۲۰۱۴

۵۹- عار نیست

اگر افتادی

با استقامت برخیز

عار نیست

۶۰- پر گشایم

ببوسم تا شاد شوم

ببوسم تا رگه های تنم حلول احساس من را تهنیت گویند

ببوسم تا موهایم عطر ملایمش را هم آهنگ عطر نیاز تو در آشفته گی اش بجوید

ببوسم تا دستانم به دور گردن تو حلقه شوند

و چشمانم نیایش سحر را در سپیدی های اوراق چشمان تو

با عشق بخوانند

ببوسم تا بپیچم در تخیل

سیرآب شوم از هوس و پر گشایم چون عقاب

ببوسم تا بریزم چو باران

و ذوب گردم در آغوش عصیان گر تو

باربار

۲۰۱۴-۲۹-۱۱

۶۱- تولد فردا

من از درون پیله ای سر بیرون می کنم

که نفسش قرن ها با جهالت درگیر بوده است

و منتظرم تا بال هایم بشکفند با تولد فردا

۶۲- شوق دیدار

سراپایم در حریر شوق پیچید از حس تمنای تو برای دیدار من در شهر بی غوغا

ذره ذره ای جسمم خیال ترا در حجرات مخمورش به تهنیت گرفت

تا هیجان پراشتیاق را از دست ندهد بی انتها

قلبم رنگ قرمزش را در سپیدی های خط انتظار ریخت

تا رشته لطیف بیخودی را رنگ جرأت ببخشد با اعتنا

لبانم چو زنبق دلآویز بهاری از هم گسیخت

تا لذت مژده را در خود بنوشد با جرعه ها

آرمان هایم به ردیف ملکوتی صف شدند از آه دل

تا خواهشات رنگارنگ با یک حس آشنا

وای که شوق دیدار هم چه زیباست در اوراق چشمان یک تمنا

۱۰-۱۵-۲۰۱۴

۶۳- خوشی قلب

تبسمت را در من بریز

تا خوشی قلب تو آمیخته با من

بشکفد به خنده ها

۶۴- همنوع

آرمان های من آرمان توست

امید من آرزوی قلب توست

اشک من که در لای پرده شب می چکد اشک توست

خنده ی من از توست

تبسم فراخ که دو کنار چشمم را در آغوش میکشد

تبسم توست

تپش،حیرت و سکوت من

همه از آن توست

من در تو جریان دارم

به مانند تو پویاگر،متجسس و غوغاگر

شبیه تو بسته در بند عقاید و وابسته به خواهشات فرهنگ

اما من خود را به آفتاب می رسانم

پر میکشم

صعود میکنم

راهم پیچیده است

با لایه ها، نورش سردرگم بحران است

و جاده اش صخره ها دارد

لیکن، با درایت بسوی خورشید می شتابم

بیا مرا تعقیب کن برای رسیدن به آزادی بدون تبعیض

بیا تا هر دو پرواز کنیم ای همسفر

ای همنوع دردها

۲۰۱۴-۲۰-۱۱

۶۵- با من بمان

با غروب آفتاب

در غبار نازک مه ای غمین

در سیاهی یک ابر ضخیم

در زمان یاس

در قعر غصه

در میان اشک دل افروخته

تو با صبر و قرار

با من بمان

۲۰۱۴-۱۴-۱۱

۶۶- شگفتی ها

پاییز برخاست صبحگاه

تا که دل شاد کند در باغچه ها

لرزه ای در تن و اندام دلش سخت پیچید

با یاد سردی ها

عهد بست

تا رنگ های دل انگیز بهار نقش کند در برگ ها

عقد بست

که ز آن نور شفق کام بگیرد با صفا

در میان هدف شاد دلش از فضای تنگ بستان لرزید

با نوای زشت طوفان چمن که در حضورش

با یک خشم غرید

تو ای پاییز که کرختی چون سنگ

ز این دامان حَسین رخت بربند

راهی دشت فنا شو بی باک

که دیگر از تو نبینم چو کلاغ

پاییز خندید با یک رمز اصیل

که تو ای ناسپاس دوست حزین

من که هستم چه حاصلخیز با غرور

در دل راز طبیعت با سرور

جزی گردش زمانم ای دوست

تو مرا قدر نما، بهره بجوی

چون که هر فصل برازنده ست با عشق

هیچ کدامش نه حقیر است، نه زشت

۲۰۱۴-۱۲-۱۱

۶۷- بن بست

شهوت را در بن بست ذهنت فراتر از اوج تفکر جا نده

اگر جرقه افروخت

شعله ور خواهد شد

۶۸- بستر احساس

در بستر احساس از گنه مگو

بگذار رسایی تن تو اوج گیرد در تلاطم شب

و رنگ نیاز من بخندد در گوش سحر

۶۹- گیسوان ظلمانی

(با قوسهای هوس، گرمی پوست، کمانه های نوازش طلب، گیسوی شبق،
گردن ابلق، لب شنگرفی تو من در حیرتم ای دخت رؤیا)

قوس های هوس

نرمی پوست را در لبه ای کمانه های اندام من برای التجاء نیاز تو

به آغوش گرفته است

تا با خوشبویی حس تو شرار ذوق را در سراپایش بریزد

گیسوان ظلمانی که سراپای گردنم را با لطافت پوشانیده است

با گردش گردن من بسوی مهتاب افسونگر

لبان خواستم را با شکوه دلافروز خیال تو میگزد

پس من هم در حیرتم

با این همه تعادلات وجود و هستم از برای قناعت تو

ای مرد رؤیا

۲۰۱۴-۰۲-۱۱

۷۰- ایکاش

ای کاش دنیا مرز نداشت و من بال و پر داشتم

تا در آغوش سحر

با عطر گل

در لای شب

با نور مه

روی دستان تو جا می گرفتم

چو شب پره

۷۱- حریر نیاز

در شعاع مهتاب حریر نیاز را در من بپیچ

تا نور طبیعی را از پرده شوق تو بنگرم

بی تزلزل

۲۰۱۴-۱۴-۰۹

۷۲- روزهای دشوار

روزهای دشوار آمدنی ست

من در کنار پنجره به انتظار خورشید ایستاده ام

مقاومتم در وجود کوچکم سنگینی دارد

شاید، همتم سخت لرزیده است

و شاید قوت ذهنم فراتر از انرژی درونی ام پا گسترده است

قامتم کوچک- قلبم فراخ

روحم آزاده و جسمم در قید

همه در تضاد اند

اینجا در لب پنجره ایستاده تا قوتم را قیاس کنم

قوتی را که سال هاست در بحر وجودم طوفانی بوده است

امروز تنهای تنها در لای غصه ها و مأیوس از بی انصافی ها

خود را مسؤل میدانم و پاس ور فرزندان متکی به خویشتن

تا از خورشید، استقامت را وام گیرم

آخر تنها آن خورشید است که پا برجاست

۲۰۱۴-۱۲-۰۹

۷۳- رسایی عقاب

شمیم آغوش تو

مرا در انتهای آدمیت می برد

با رسایی عقاب

۷۴- خاطره

از (خاطره) شنیدم- معصومی که از پدر، صاحب دخترک شده است

خاطره با ظرافت جسمش، کلفتی احساس را در دل دارد

چشمان خموشش دیریست دردها را میزبان شده است

گیسوانش, تپش و سرعت دردش را در رخسارش نهفته دارد

لبانش از خشکی روح قصه ها دارند

و جذابیت روحش از مصیبت داغ ها، شکوه ها دارد

ای پدر بتو اعتماد کردم

ارزش دل را زیر پا کردی

من ترا یاور روح دانستم

تا وجودم را بی صفا کردی

تو این جسم ظریف باکره را

فدای شهوت زنا کردی

اعتماد را به حلقه های هوس

در آمیختی, تو چه خطا کردی

بگو که جهل مرام را در سیاهی شب

دانه دانه چرا رها کردی

ای پدر، زشتی را هم اندازه ایست

تو که هر خشم را برملا کردی

من دیگر از تنم چو صخره ی سرد

نهراسم خموش در دامان اشک

با غرور شکسته ام از فلک

هیچ نجویم دیگر رسایی بخت

خجل و شرم را از قاموس دل

بشکنم سخت با اندیشه ی باز

و بپویم همت ایستادگی

زآن دو بال زرین مست عقاب

من دیگر یک زنم و یک مادر

با درایت ز نورعشق جویم

و می ایستم رسا با قامت خویش

بلند و مفتخر چون یک زن

۲۰۱۴-۱۰-۱۰

۷۵ - عشق فسانه است

من عشق را از پنجه های حوادث فرا گرفته ام

نه از آن تفسیر پررمزش از دیوان های کهن

عشق را جزی احساس میدانم

نه نقشی از برومندی احساس در صفحه قلب پهن

عشق را تزویر کردن نه، صادق می بینم اما در تحول

و عشق را سادگی قلب تلقی میکنم با اظهارات پرشعور

برای من عشق تاکنون پرنده رؤیایی بوده است با پرهای زرین التجا به همراه

که در شاخه های بلند و دست نارسیده ای کامجویی قصد پرواز را داشته است

عشق را من پروانه ای میدانم خیلی خسته

که از تپیدن های مرموزش در فرش باغ ویران شده دیروز

فقط سایه آفتاب را دارد در آغوش

عشق را شب مهتابی میدانم

که ستاره های اطرافش را از برای اوج لذتش به تبرک نشسته است

برای من عشق فسانه است،رمانی ست

پر از تلاطم های اوراق هیجان آمیز

که در لابلایش هوس، مهر و وفا را آغشته است

و سرانجام عشق برای من صرف رازی ست نهفته

تا خود روزی با لبان خنده بگشایمش

۲۰۱۴-۰۵-۱۰

۷۶- معلم

معلم انگیزه ایست از درس اصیل

معلم است واعظ خوش قلب ز یقین

معلم خوب عقیده اش مصفا

راستای هدفش صاف و بهین

معلم من، پدر خوش سیرتم

مادرم، دخت خوش بافت سلیم

معلمم یزدان یکتای شفیق

کآن عشقش سبق پاک و کریم

معلم مان طبیعت با سخاست

هر برگ باغچه اش پند عظیم

عزت معلم در میان دلم

نقش گردیده با یک خط زرین

۱۰-۱۵-۱۴

۷۷ - قید

من در قید نخواهم بود

نه برای تو

و نه برای هیچ کس دیگر

شادی من در فراغت وجود من است از بندها

روحم درستیز است با رسم ها

و ذهنم رهایی می طلبد در اشعه نور خدا

از رازها

۲۰۱۴-۰۴-۱۰

۷۸- خانه مقصود

خانه مقصودم کلبه ایست در قلمرو آزادی

که مالکش طبیعت، برهنگی تنم را قضاوت نمی کند

صدایم را دلخراش نمی خواند

و در من فقط قرار نمی جوید

کلبه، راستین است

با زینه های فرازینی رو به آفتاب

که دامنه اش وصل گردیده است به بال های عقاب

۱۲-۳۰-۲۰۱۴

۷۹- گنجینه صفا

می گریم به سادگی قلبم در بحبوحه حوادث

که دیگر کرخت شده است از خیالات پررمز شبانه

می گریم که در حریر شب

نور را بی خبر می بینم از رندی زمانه

پس ای قندیل خفته در لای پرده ها

از اشک هایم ستیز را برچین

و از دلم گنجینه صفا را صیقل ده

تا دیگر درد را رها کنم از پنجه ها

۲۰۱۴-۰۲-۱۰

۸۰- فاصله ها

تو با چشم می نگری مرا

من با قلب می نگرم ترا

چه عمیق است این فاصله ها

۸۱- عظمت امید

شکوهمندی یاس را زمانی حس کردم

که آرزو حیران بود

و عظمت امید را زمانی سنجیدم که یاس

گریان شد

۸۲- جنسی (تقدیم به قربانیان زنای به عنف/ تجاوز)

باکرگی دوشیزه را حریر حرمتش میدانند، صفایی تنش را نهاد

عزتش و بی آلایشی جسمش را عطر با طراوتش می خوانند...

ای ظالم هوست بی مهار شد

وقح و شرم درون بی بند و بار

تا صفای دختری را دزدی

در سپیدی،رنگ ذلت ریختی

قلب نازک و ظریفش گریان

دست و پاهای لطیفش ناتوان

ناله کرد،عذر بکرد چون کودکی

بی ترحم تو بکردی ناله ای

در سرت موج جنون

در دلت رنج فزون

ذهن تو پاشان ز غم

دست و پایت مقاوم

تو نبودی یک مرد

تو نبودی با خِرد

هوسی در چهره ات

چشمانت هردو سرد

ای کاش نور بدیدی- نور حق التماس

ای کاش رحم بکردی چو مردی با سپاس

ای کاش پرده فگندی روی جسم بی گنه

ای کاش اشک زدودی ز آن چشمان سیه

و ایکاش نور می بارید ز میان مه ای حق

ذره ذره در میان ظلمات بی رمق

۲۰۱۴-۱۹-۰۹

۸۳- عشق به وطن

شوق عشق به وطن در روح ما از کودکی ریشه می گیرد

از سازش مان در لایه های آب و هوایش

از قوت قلب مان در پیوند با اصالت هایش

پس ما هر کجا که برویم

به هر بستان که بنشینیم

در هر ساحلی که بغلتیم

و با هر گلی که تازه شویم

فقط وطن را می نگریم

حس می کنیم

و وطن را از پهنای آسمان می جوییم

که ناهید و مهتابش با ما همسفر اند

و هر کجایی که هستیم

نور خورشیدش در ما جاودانه

اظهر است

۰۹-۱۷-۲۰۱۴

۸۴- در بساط دل

تا یادنامه افکارم بروی صبر گشاده شد

روی صبر قرمز گردید ز تجاهل در زمان

ز انکارها، تپش ها

ز گُسست رنگ ها

زآن پرواز غچی صبحگاه

ز تلاطم های محض شامگاه

ز وفای قلب میان خفته گان

ز تکاپوی مراد رفته گان

ز آن کابوس قبیح بی روح

ز یک شوق فریبنده سوء

زآن کلام نغز در تاری اصیل

زین سستی عشق بی بدیل

ز تمنا، رؤیا با رنگ و بو

در بساط این دلم با آبرو

۲۰۱۴-۰۹-۰۹

۸۵- آب احساس

دیگر نخواهم گریست

آب احساسم را در حریر مراد تنگ دیگر نباید پیچید

دیریست چشمانم خسته اند

دیگر نباید گریست

دردم را از لایه های کدورت شبانگاه سرد باید بلعید

دیریست چشمانم خسته اند

بگذار با خود باشم

در تنهایی با خود تا گریه هایم پرواز کنند دانه دانه در لای ابرها

تا اشک هایم شفق را جویند از برای طهارت دُردانه ها

دیگر نخواهم گریست

حیف است آبگینه چشمانم را که با دستان تو بشکنند

با بهانه ای،از ستوهی و یا کینه ای

بگذار تا چشمانم را خواب دهم در آرامگاه تنهایی

در بی دردی،عاری از غصه های تو و امثال تو

که رفت شان چه سبُک است

و خاطرات شان چه سنگین

۲۰۱۴-۰۲-۰۹

۸۶- بال های پرنده

بال های پرنده

از عزم راسخش برای زنده ماندن قوت گرفته است

هر قدر که بالا میرود

پرتلاش تر می شود

۸۷ - ناله ها

ناله ها رنگ گرفت

ناله های که نُزهت روح را در عشق می گنجاند

و هوس احساسات را با مایه ای در قلب وصال یکجا می نماید

همان بود که حس کردم آسمان و هوا پروانه می ریزند در تن ما

با عطش، هردو راهی فضای شدیم که انتهایش ارج فلک را پاسبان بود

و زلال هوایش پرندگان عاشق را میزبان

وآنگه خورشید از عقب کوهپایه وسیع سر کشید

تا دامان صبر بی افروزد با عشق

و شفق در انتظار خوش بانگ سحر در خود پیچید

تا پرواز مان را در بال های سپید عقاب

و به روی فرش رِضا بنشیند

به استقبال

۲۰۱۴-۰۱-۰۹

۸۸- حس لبانش

لبانم را بوسید در رؤیا

و پیامی داد که ترا بوسیدم پرغوغا

تا کنون حس لبانش با لبان من در رقص است

با یک غوغا

۸۹- حس آزادگی

در باران تنهایی را بهتر حس میکنم

چون هر دانه اش گهری اشک من را مانَد در عقب شیشه پنجره ی رو به فردا

اما هنوزهم که برایم   چه دلانگیز است هر ضربه اش در نفس احساس من

و چه مهرانگیز است هر نغمه اش در بناگوش قلب من

چون هردو هم ترازیم با حس آزادگی

۲۰۱۴-۲۵-۰۸

۹۰- گل شب بو

گل شب بو ستاره چید از فضا

عطر از دامن ناهید و خنده از لب ماه

تا با روشنی ها

لانه ای سازد از عشق

در میان قلب امید از برای فردا

۹۱- بی غوغا

عهد بستم تا دیگر دل نبندم به کسی

دست بستم تا که هرگز ننگارم از کسی

چشم بستم قید و تنگ تا در نیاز شب من

در میان گل صبح

در لای غلغل روز پرخروش

هیچ نپویم هوسی

آه که با آنهمه بستن چه سکوت است دنیا

در میان تار و پودم تنهایی می تپد بی غوغا

۲۰۱۴-۲۱-۰۸

۹۲- نردبان

وقتی کودکی را خون آلود می بینم

رخسارم چون پاییزی خموش در رودخانه حیرتم رنگ می ریزد

و میخواهم از روان طبیعت با اشکم نردبانی بسازم به آسمان

تا از گنج فلکش انصاف را وام گیرم برای التیام

و هم آزادی بلند پرواز را از کهکشانش در آغوش به زمین آورم

برای آبادی بخت ویران

تا دیگر تعصب نجنبد در رگ ها

و تا همه فقط خدا را بستاییم

با صداقت، رستگاری و صلاح

۲۰۱۴-۱۶-۰۸

۹۳- می پندارم

اکنون می پندارم که صرف الهامی هستم

برای سروده های بی انتها

چشمانم مصراع غزل داغی ست نهفته در رازها

و هم می پندارم که روزی نامم

کلید دفترچه افکاری خواهد شد در کنج مزین یک امید

که ضمیرش ریشه گرفته است از صفا

۲۰۱۴-۱۴-۰۸

۹۴- عقاب

دلم خیلی میخواهد که رنگ ها را

با چابکی پروانه ها

از یک رخ تا رخ دیگر بزدایم

تا همه شفاف بدرخشند چو آفتاب

دلم خیلی میخواهد

قلب ها را از قالب پوسیده شان پرواز دهم

تا سلول های مزمن درد را از خود آزاد کنند

به منجلاب

دلم خیلی میخواهد

برهنه گی تنم را با نفاست حسم ظریفانه بپیچم

تا کناره ها و پوستش با کامروایی بشکفند

به روی دستان مردی بی نقاب

و دلم خیلی میخواهد

در کلبه میان سبزه های آغشته با ارغوان

که درونش بوی عشق را دارد

و اطرافش غزاله های مست رنگین کمان را در آغوش دارد

سال ها نفس کشم با تنومندی عقاب

۲۰۱۴-۱۰-۰۸

۹۵- ایمان

شب های بود که برای طلوع آرامش

منتظر صبح می بودم

دلم را از دست هوسش رهانیده

به کنج بسترمی غلتیدم

تمنا میکردم روز خوشبختی را

از پشت پنجره نیمه باز

که صدای مرغابی های شاد کنار دریاچه را به من بیاورد

روزها

در جاده طولانی آمیخته با درختان همیشه سبز به اطرافش

فروغ آسمان را درود می گفتم

تا رهنمای با شعوری باشد بر تاریکی های ابهام قوت من

امروز ایمانم را از برای آنهمه تلاش با ذکاوتش

در شعاع آفتاب

و در کنار مهتاب نوازش میدهم

که هیچ گاهی مرا رها نکرد

به حقارت

۲۰۱۴-۰۳-۰۸

۹۶- صلاح

عیدی در اتاق مزین با رنگ ها قوت روحش را گم کرده بود

گروگان روح اش ظلمت بخیلی بود بی مرتجا

که میخواست پرپرش کند

در میان پنجه های اطفال ثروتمندی از خود راضی و بی اعتنا

ناگهان از کناره ی در

گام محکمی را دید که به سویش با استواری قدم می نهاد

پرسیدش تو کیستی که چنین فروزانم کردی

گام زرین از مسرت خندید که منم- شاخه ی کرم تو

و از جهت تو میروم

تا دل های اطفال غریب را بی افروزم

با خوشنودی و صلاح

۲۰۱۴-۲۸-۰۷

۹۷- سرمستی

به لاله های وحشی مهربان باش

آزادی روح شان را صرف با سرمستی حاصل نکرده اند

۹۸- اشعه نیایش

اشعه نیایش را در چشمان مظلومی دیدم

که با صداقت از آسمان ستاره می چید

هلال چشمکی زد بسویش که عبادات تو قبول

و رو کرد بسوی نور صیام که این است صیام-پشتوانه تو

و من هلال ام- مرشد تو

و هر دو بدرقه راه تو خواهیم بود

به صوب رستگاری و صلاح

۲۰۱۴-۰۶-۰۷

۹۹- استقباليه

رفتم بـه بـاغ صبحدمی تـا چنم گلی

آمد بـه گـوش نـاگـهم آواز بلبلی

"خواجه حافظ شیرازی"

ز شوق ناگهانی بلبل، بی قید و بار

بگرفتمش در سینه فشردم چو بسملی \

گلاب و عطر شادی را در گیسوی خیال

بنهادمش میان، بی تضرع و غلغلی

آب حیات و رمز صدیقش ز جام می

نوشیدمش به قطره ها با یک تحملی

هوای گلستان خنک را با لمس عشق

فرحت ز شوق بخشیدم و رها ز مشکلی

۲۰۱۴-۰۱-۰۷

۱۰۰- سپیدی چشمانم

سفیدی چشمانم از رنگینی دوران خسته اند

دوست دارند در سیاهی هلالش غرق شوند با ریاضت

۱۰۱- تنفس مخمور

"رؤیا از خودم است، او را نیافته از خود میدانم

و تو آنی که از دیوار مگر ها

از نوار ناسور بیشتر شنیده های تکراری به من غوطه می خوری"

در تو غوطه می خورم

تا درشتی های پرپیچ شبانه را به روی من بگشایی

با آن روشنایی چشمان خود که جا دارند در چشمان من

قلبت با تپشی نیاز در تنت می غلتد

تنفست مخمور

لبانت چون گلبرگی در رشته باد می لرزد

و فقط مرا می جوید

احساس و خواهش من را از لب های نیمه بسته

و چشمان عنابی ام را از رنگ عشق

تا مرا در راستای لذت و مسرت همراه شوی

با یک سرور

۲۰۱۴-۲۹-۰۶

۱۰۲- جرقه نیاز

هوس را رها کن از لب هایت به لب هایم

تا جرقه نیاز را بچشند

۱۰۳- وجودی (استقبالیه از این بیت غزل جناب حیدری)

گردش چشم سیاه تو خوشم میآید

موج دریای نـــگاه تو خوشم مـــیآید

||||||||||||||||||||||||||||||||||||

در کنار گل عریان تنت، با چه شوق

دیدن رنگ گناه تو خوشم میآید

لمس آشفته گی حس نیازت، رقیق

با ترنم در نگاه تو خوشم میآید

تا دو چشم هوست قطره ز عشق را چیند

غرقه در عشرت آه تو خوشم میآید

دو دستت پنجه ی رام وجودم سراپا

حس بیتابی در راه تو خوشم میآید

درحریر کامجویی پیچیده ایم چه لطیف

خفته در عشق و پناه تو خوشم میآید

۲۰۱۴-۱۸-۰۶

۱۰۴- از برای گرامیداشت احمد ظاهر

صدایش مرا در ساحلی میبرد که ویژه است صرف از برای من

با زلال آب

رنگ مهتاب

با انارهای شکفته میان درخت با نشاط

با صدایش روی قایقی می غلتم میان آب

نسیم باسخا را لمس میکنم با شتاب

پوستم در اهتزاز صدایش می رقصد

و سرانجام چشمانم میدرخشند در رؤیا

رؤیایی با آن صدا

۰۶-۱۴-۲۰۱۴

۱۰۵- ستر پرنیانی

شب اوقات رستگاری من است

خیالاتم

نیایش

و دیدگان امید خفته ام در ستر پرنیانی

۲۰۱۴-۰۱-۰۷

۱۰۶- لایه های تعصب

سحر کابل از آسمان غمناکش قصه ها دارد

چون پرنده هایش را در بیرنگی دارد قید

و آفتابش سرد خفته است

در لایه های تعصب و درد

۲۰۱۳-۱۲-۰۳

۱۰۷- تمجید

وقتی احساست را به روی باغچه سرد با صداقت بگشایی

گل های مرده رنگ امید خواهند گرفت از صفای دل تو

و از میان عمق زنده ات با یک تمجید

۲۰۱۳-۲۳-۱۲

۱۰۸- افاق آرزوها

من نشستم با صبوری تا دلت غنچه کنم

مهر راستین شفق را ز تنت خوشه کنم

زآن نوای پاک بامداد در بناگوش نیاز

فطرت راز چمن بهر وصال توشه کنم

غچی مست خیالات را که بنشسته جمود

زآن برای بال پروازش من اندیشه کنم

در افاق آرزوها سایه ی بیم ز ازل

پرده پرده عمق احساس غمش بوسه کنم

چرخ گردون را ز تیزبینی عقاب بنگر

آن وقار و رکن ایستادگی اش پیشه کنم

۲۰۱۴-۱۶-۰۴

۱۰۹- عشق همدلی

احساسات اوج گرفتند چو زندگی اطراف ماه

ذرات نور رها شدند از جدار ماه

گل ماه از ریشه عشق جدا گردید با عطر جنون آشفته گی اش همراه

تا اشتیاق را در برهنگی سایه ها بپاشد

من اینجا در عقب پنجره شکفته شدم

با نیازی عشق

سوزی التماس در سراپای بی لفافه

چون قندیلی در گداز

او آنجا مست شد در پرده ی شب

و در تفکر از برای مزه عشق رؤیایی

ماه خندید با عشق و همدلی

و سوز رقصید سراپا در خروش

۲۰۱۴-۰۱-۰۶

۱۱۰- چشمان یتیم

رنگ چشمان یتیم را

در پرده های آسمان بجوی

با صفایی نور ستارگانش همراه

۱۱۱- خواست آزادی

پرنده ها را می شنویم به گوش

قرین تر به پرده های احساس

چون هم آهنگی دارند با خواست آزادی انسان

گربه ام را می شنوم به گوش

رساتر در پرده های قلب روشان

چون هم آهنگی دارد در نیاز فرحت با من

پسرم را با مهر می شنوم به گوش

مهربانتر با قلب و روان

چون هر دو هم آهنگیم در تپش های مان

و دنیا را دقیق می شنویم به گوش

دقیق تر با ضربان نیاز مان

چون هم آهنگی داریم

با آرزوهای همسان

۲۰۱۴-۱۳-۰۵

۱۱۲- عشق شیرین

مادر نیازش را پوشانید

تا پسرک با آسودگی خاطر

از پارچه های نان لذت ببرد

شهد نبود

شیر و شَکر هم نه

پس مادر با عشق شیرینش مزه را برانگیخت

در لای پارچه های خشکیده نان

۲۰۱۴-۱۱-۰۵

۱۱۳- نیات

اگر نیات به چشم و رخسار نقش داشت

پاکیزگی پربها بود

اگر قدسیت دل در نوا رنگ می کشید

خنده ها خوشصدا بود

گر صداقت از پنجه ها دانه می ریخت

مهر دلآرا بود

اگر عشق با حرارت راه می پیمود

شادی ها برملا بود

و اگر انسان بها داشت

فقر بینوا بود

۲۰۱۴-۱۰-۰۵

۱۱۴- چشمان معصوم

چشمانت چه معصوم اند, انگار در هر نگاهت"

"فصلی از زندگیت تکرار میشود

~~~~~~~~~~~~~~~~~~

معصومیت چشمانم از بیخ دهکده ی ریشه گرفته است

که با طراوت سیب و شفتالوی باغچه های دیرین

پیوند دارند با میل

آبگینه تراوشش از زلالیت مهر مادرم

و با تبرک از تبار زن بودنم نشأت گرفته است

و صیقل

۲۰۱-۰۸-۰۵
~~~~~~~~~~~~~~~~~~

۱۱۵- پوستم

پوستم گندمی به تمنای لمس کسی تشنه نیست

برونش از برای آفتاب

و درونش از شیره ی همت سیرآب اند با یکرنگی

شاید هم دست عشق روزی با برکت لمسش کند

و ارزشمندی

۲۰۱۴-۰۷-۰۵

۱۱۶- شهدخت

من کی ام

درس عشق را از خیالات باورم

دستان مهر و شادی

در نیاز رقعه احساس را من یاورم

در کنار بغض قرین به جفا

خنده های نغز دل را داورم

در ملایمات شاد و برقرار

مست با امید فردای فرم

بآنهمه فقر نوازش از مراد

شهدخت خوش مکافات، در برم

۲۰۱۴-۰۷-۰۵

۱۱۷ - سیلاب

سیلاب را آتش می نامم

چون قوه ی ظلمتش روشن است در کنج و کنار آبادی های ویران

شرارت نیت اش فروزان است در قلب های حیران

و تنومندی اش چراغان است بر تاریکی های

ترس و ابهام

پس سیلاب، آتش خودخواهی ست از طبیعت

که دوست دارد بهری غریزه اش بی باک شود

و از برای کامجویی حرص و ولع اش

با نوای هر ستمدیده و خوار

بی تاب شود

۲۰۱۴-۲۹-۰۴

۱۱۸- باران و عشق

باران و عشق

عشق و باران

آمیخته و ریزان

با تجسس، بی ریا

خجسته اند و روان

قطره ها

دانه دانه سر و پا

رحمت حس طروبش لای ماه

آن ترنم خوش صدای رعد و برق

از گلوی عشق و باران نغمه ها

عشق و باران

باران و عشق

در جنون

بی تردد، با سخا، با یک فسون

برهم و درهم بپاشند آب نغز

با کرامت، با وجاهت

دست بدست

باران و عشق

عشق و باران

یکدل اند

بی تزلزل، با سخاوت

همدل اند

۲۰۱۴-۲۸-۰۴

۱۱۹- شادی با توازن

اگر شادی با توازن

در عقب پنجره رو به آفتاب است

خورشید را میزبان خواهم شد

۱۲۰- چاردهی

زادگاه ام چاردهی

یک گل ساده و سبز لایه ی آب و هوا

در میان ذهن و قلب تصویرش مبرا

قاب تصویرش زرین

رخ تصویرش بهین

با صمیمیت خاطراتم را پناه

شرشری آبش روان

با چه پاکی و زلال

در میان ریشه هایش غیرت آدم نهان

روح گرمش چه بسیط

تازه و گرم چو بلندای یک کوه متین

ای کاش باز هم

حس و بیخش جان بگیرد

با فردای سلیم

۲۰۱۴-۲۹-۰۴

۱۲۱- سفر با کتاب

با کتاب سفر خواهی کرد در اعماق اسطوره های پار

قهرمانان را قریب خواهی شد با دیدگان موهبت شان

بر سر و روی ستمگران چشم خواهی زد با یک استهزا

با عاشقان راهی جاده نورانی ماه خواهی شد

تا بوسه ها را از میان لبان در پیوند شان چیده تقدیم دلدادگان عشق

نمایی با یک آه

با کتاب قله ها را طی خواهی کرد با جسارت چو عقاب

ابحار را شنا خواهی نمود با زبردستی نهنگ شجاع

در بستانی خواهی خوابید که معشوقه ی طناز عطر دامنش را ریخته با

تحیر

و گل های را خواهی بویید که مرد جسوری عاشق

بروی فرش هریک عشق ورزیده است با تکبر

با کتاب در غرب خواهی رفت به استقبال رسم نوین آزادگی

در شرق خواهی ماند با حس آشنای پویان

سرانجام خواهی خندید در لای کتاب

با خنده ی مست یک کودک آزاده

و نرم خواهی شکفت

چو قلب میهنی بی ستیزه

۲۰۱۴-۲۱-۱۲

۱۲۲- باغچه ی ذهن

می خندم بلند و رسا درلای بیتابی ها

با شکفت گل آوازی تو در باغچه ذهنم با غوغا

حالم چو دوشیزه ی به رقص در مزرعه سبز

زیری آفتاب بهار

روبروی شبان بچه ی مخمور رند و عاشق، می خندم با اشتها

تا هراسم را بپوشانم از برای غسل روحم در نیاز تو

بی محابا

۲۰۱۴-۲۰-۱۲

۱۲۳- نیم رخی

نیم رخی من

رسم آزرم من است

در لای بیان آتشینت که وجودم را

فروزنده پهن می کند

در باغ لذت جسم من

با یک حیا

نیم رخی من آیینه ایست در مقابل چشم تو

از برای شمردن شبنم هوست

با غنچه ها

پس

با این نیم رخی

بتو مینگرم

تا حیا و هوس را وصل دهیم با تمنا

۲۰۱۴-۱۵-۱۱

۱۲۴- سایه ها

سایه ها انعکاس حالات ماست در عقب نور سپید آرزوها

اگر شاد ایم و رسا

سایه ها مخمورانه

با فروکش جرقه های درون ما همگام بی آلایش با غرور اند

چون سایه تصویر ما در فرش سبز باغ ها

و اگر پوشیده ایم با دردها

سایه ها هم خمیده اند چو پرنده ای

در گیری پنجره ها

۲۰۱۴-۱۸-۱۱

۱۲۵- تعمق در نگاه

«دلم می خواهد در دلت جا گیرد

دلت را پر از دلم کند»

و دل من میخواهد تا روزنه دل تو باشد به آن سپیدی های فضا

تا آفتاب برآمد را با چشمان یکدیگر ببینیم با ستایش دلیرانه ی آزادی

و منتظر غروب باشیم از برای یک شبی آمیخته درهم و با هم

تا دلم آن دل ترا پر کند با خنده ها

رنگ ها

شادابیت

حس و تعمق در نگاه

و سرانجام این دل من و آن دل تو

در یکدیگر و با همدیگر بپیچند با مسرت و رضا

۱۰-۱۵-۲۰۱۴

۱۲۶- باغ تمنا

دل را بدست عشق سپاریدن فرحتی ست

چشم را بسوی باغ تمنا رحمتی ست

گه دل بگرید سخت با نشاط و گه غرور

هر قطره اشک مهر را لغزیدن رغبتی ست

در بند و گیری عشق چو پیچد مرادی دل

آسایش روح فتانش مهیبتی ست

ای رشک غصه ها امید را نهان ز حرص

در لابلای نور خیالش نزهتی ست

چون یک درخت عشق در خشکسالی یقین

بی خوشه های نغزی فروغش, غربتی ست

۲۰۱۴-۱۸-۱۲

۱۲۷- بی اضطراب

بیدارش نمی کنم

ترس را

بگذار خواب باشد در تاریکی ها

تا من بسوی نور ره بگشایم   بی اضطراب

۱۲۸- درخت استوار

گاه گاهی عشق رخنه میکند در رگه های مان با صلابت یک نخل

که در ظاهر مقاوم است

اما در اصل چه جوان

جوان از شورش نیاز

آشفته گی

تپش

نارامی

تحیر

اضطراب و سرانجام جوان با یک امید

که روزی آن نخل قد کشد با پنجه های سبز و تنومند

چون یک درختی استوار

۲۰۱۴-۱۰-۰۹

۱۲۹- نزدیکی

"نزدیکی بتو مستی آورد"

مستی چون شمع با ریختن اشک هایش

از برای نزدیکی با پروانه ی سرمست که بال هایش پرواز عشق را بلد اند

و چشمانش سیاحت را در گذرگاهی قلب آشنا دوست دار

مستی چو شهدگون رز خوابیده ای بهاری

که هر لحظه نوش را بجوید از نگهت بهارانه قطره وار

و مستی چون بلبلی که با بلبل مخمور دیگر

عشق می ورزد در لای ناجوی باوقار

۲۰۱۴-۰۹-۰۴

۱۳۰- شوریدگی

«چشمانت از شهوت شب شوریده اند دستانت از رحمت صبح آکنده

اند»

چشمانم دوست دارند

در چشمان تو با شوریدگی حال من

و با شهوت احساس مان بخوابند تا سحر

و دستان من پرنیانی

در سطح وجود تو گام نهند با سبکبالی پروانه ها

بی خطر

۲۰۱۴-۰۴-۰۴

۱۳۱- گیسوانم

روزی

گیسوانم آبشاری بود به اطراف روی

دور و بری گلو و بر پوست گندمی من چون ابریشم سیاه

و همچو خوشه های انگور تازه آویخته بود بر تاک اندام من بی انتها

آن گاه می اندیشیدم

که آبشاری غنی با مرواریدهای سیاه

باری سنگینی ست بر دوش شانه های من

اکنون، آبشار به ساحل نشسته است با ریزش باران

و حجم دل انگیزش سبُک شده است با گذشت دوران

گرچه هنوز هم امواج راه میابند در لابلایش با حلقات چون ماه

اما روزی آن امواج هم ناپدید خواهند شد

زیر ابری سیاه

۲۰۱۴-۰۱-۰۴

۱۳۲- طنین خوشبختی

از عقب پنجره پرندگان را می شنوم که طنین خوشبختی را دارند در اهتزاز

و با صدای یکدیگر قطعا نیستند بیگانه

و هر کدام با دیگر می پیچند در لابلای بهار و آزادی فضایش صادقانه

گرچه هر کدام از سویی

کناری و بیشه ای اینجا به مهمانی آمده اند

اما همه بدون تبعیض چنین می سرایند:

گرچه در ظاهر متفاوت استیم

در قلب و بافت

یکسان ایم

و آزاده

۲۰۱۴-۲۹-۰۳

۱۳۳- لبانم

لبانم دو گلبرگی اند روی باغچه ی رخسارم

که از میان اشتیاق می ریزند

و از برون عطری وجودم را به مشام آزادی

۱۳۴- مروارید سیاه

چشمانم دو مروارید سیاهی

که آرمیده اند در صدف آرزوها

هر چشم، آبش را

از چشمه ی دل گرفته است

و تپش های بی تضرع اش را

از میان سینه ی من

با جسارت

۲۰۱۴-۲۷-۰۳

۱۳۵- گونه های گیلاسی

مست میشوم با صدای تو

نوازش های زبانت روح می بخشد خفته گی های تنم را

چو صوری از بهشت

و با نسیمی خجسته ی در اهتزاز

زنده میشوم با یک اشتیاق

لبانم

در جستجوی لبان تو از هم می شکفند

از لای هردو

نیاز من لمس ترا می جوید

گونه هایم گیلاسی

می خواهند رنگ بریزند از حیا و شادمانی

کلامم در رهگذر گلویم به وضاحت نغمه می سراید

و برگه های سبز نهانی خواست

باز میشوند از برای لطف عاشقانه ی تو

در آن باغچه صدا

دانه دانه

۲۰۱۴-۲۶-۰۳

۱۳۶- التیام زخم ها

وفا را

در چشمان پسرکم می نگرم

که بی تردید

نظاره ام میکند

تا من بخندم

برای التیام زخم ها

۲۰۱۳-۱۵-۰۲

۱۳۷- اهداء به ابوذر

اهداء به ابوذر-پسربچه ی که همه را از دست داد:

ظرافتی را می بینم در بستر سپید

ظرافتی که ابوذر نام دارد

ابوذر کوچک است با دلهره و در هراس

دستان و پاهای ناتوانش مهر مادری می خواهند

چشمان متحیر غمناکش رنگ امید را در تجسس اند

و قلبی زخمی اش در آرزوست

که آن فاجعه شب سال نو، صرف یک کابوس بوده است

کابوسی از پدیده ی زشت که گهگاه

پسربچه های شوخ را با بی رحمی خاص می آزارد

در قلب خالص اش مادر را می جوید

لمس مادر را، مهر و صدایش را

و توانایی بازوان پدر و قامت رسایش را

با آن گیسوی پریشان که در تاج پیشانی اش پدرانه آویخته است

و در گوش ابوذر چنین می سراید:

پسرم، فردا همه بهتر خواهد شد

زخم هایت

نالش و دردت، همه جز کابوسی بیش نیستند

ابوذری کوچک با ملایمت چشم می بندد

اینبار به امیدی رؤیایی صافتر

که در آغوش مادرش خوابیده است و دستی بسر و روی پدر گذاشته
است

متبسم در گوش پدر زمزمه می کند:

آری پدر

فردا همه بهتر خواهد شد در آغوش یادها

چون کبوترهای سپید هوا جلو روم تنها

تا نشانه ی از تو باشم، پدر

و یادگاری از مهر تو

ای مادر من

۲۰۱۴-۲۴-۰۳

۱۳۸- سفره هفت سین

لذت سفره هفت سین را از خنده های کودک بینوا دریاب

که بدستانش سیب پژمرده ی سرخ را با شوق جان گرفته است

و آن دهان کوچک مرطوبش از کناره های سیب هدیه شده ی مادر گرسنه

رنگ می ریزد با محبت

۲۰۱۳-۱۵-۰۳

۱۳۹- جرقه

در خیالاتم با یک عشق منزه سفر میکنم

عاری از بندهای تعصب و گناه

در این سفر من هستم و عشق

هردو یکرو

در دیار سبز رؤیا

که فضای معطرش آزادی دل ها را دارد در آغوش

و فراخی قلب های ما را در سکوتش بناگوش

سبک قدم می گذاریم با مرام دور از اندوه

ناگهانی من چون جرقه بروی عشق می شکفم

سر تا پا می شکفم

چشمانم را قید دیدگانش کرده

خمارش را می نوشم

و مخمور

در لایه های آغوش گرمش با اعتماد و سرور به سکوت میروم

سکوت مطبوعی

که میان ثپش های خموش مان

فقط پرندگان می سرایند

نفاست بوسه ها دانه دانه قطره می ریزند

پیرهن نیلی ابریشمی ام

چو دو بال غچی مست

با دستان عشق از کناره هایش به پروار می آید

لمس ها، نرم و ریخته

شوق زن بودنم را به تبرک می نشیند

تا من و عشق

هردو بخندیم

ببوییم

و بلغزیم

در دیاری سبز مشهودی بهاران

با قناعت

۲۰۱۴-۱۴-۰۳

۱۴۰- روشنی

وقتی در قفس مجذوب رو به آفتاب زندانی استی

گنجایش روحت را در ذراتش می نگری که انبساط می کنند از برای

حاصل روشنی

و دوست دارند تا دست آفتاب را گیرند برای آزادی

با تصور آن روشنی

دیگر دنیا زیباتر میشود

همه می درخشند

از کنج و کنار قفس نیمه مسدود

تا بنیاد مرطوب و سردش که هنوز هم آب باران را دارد در میان

از اطراف غمین قفس تا کرختی صبرش

که از انتظار زیاد زبون است و ویران

و همان است که رعشه ی نیرومند یک آرزوی نو

از هر درز و شکاف قفس قوت می گیرد

اما اکنون گام فرار تو کاهل است از ترس

پس تو چه خواهی کرد؟

در را به روی همتت خواهی بست

و یا قفس را خواهی شکست

۲۰۱۴-۰۵-۰۳

۱۴۱- پاره ای از اسطوره

من زنم پاره ای از اسطوره های درد

که فقط لذت کامجویی را درلرزه های مرد دیده ام

من زنم قطعه ای از ننگ

که رنگ پوستم

طراوت لبانم

و باهوشی چشمانم

در تنگنای پرده های پیشین و نو رنگ باخته است

من زنم، مادر فرزند

خدمتگار خانه

آن ناقص العقل در پشت سیاهی پنجره

من زنم یک طباخ

همرهی درد در کناره های کوچه تنهایی بی کس و سراپا افروخته

من زنم قالب ایده های تاریک دوران

که مغز ناتوانم با ستیز از سرشت باصفای من

تن ظریف و کمانه های ویران شده احساس من

سوخته اند با دستان شراره

اما اگر تو ای مرد، مرا با وجاهت روح بنگری

در واقعیت من زنم

قوت افراشته مرد در برم

گر ببینی این رسایی ضمیر

گر بپویی شکوه راز کبیر

گر بدانی حرمت بوی تنم

گر بجویی رازهای سخنم

گر دلت باز شود با چشم نور

بنگری تاب و توان باشعور

از میان غربت اندیشه ها

جوهری نغز را بیابی باصفا

در میان سینه ام لمس وفا

با محبت بازتاب باسخا

گر فقط زن را با چشم قدر دید

با تعادل در نیرو هردو سعید

فبروری ۲۰۱۵م

۱۴۲- نخل صلح

باربار از مستی دل یاد شد

از بهار و سبزه ها و نسترن

از میان قصه پروانه ها

از زیبایی شگفت باغ ها

از هوای بستان دلفریب

از زلال ماه در قید امید

از پرستو، گل سیب، شاخ انار

از عندلیب مسرور و برقرار

از رز و یاسمن، نیلوفری

بادبان های خوشرنگ و فری

از غزالان، مستی پرستوها

از هوای خنک مست صباح

از طبیعت با همه ارشادش

از بهاران، این فصل دل ها

ای کاش این بهار

نخل صلح گل کند

بشکفد با رنگ ها، پیمان ها

گل های اتحاد شرق و غرب

با شمیم همدلی عطر گیرند

بید اصیل و نیکوی آدمی

از شمال تا به جنوب وصل گیرد

و درختان بلند سلحشور

برگ آزادی بریزند با سرور

مرغکان مست با راز خوشی

پر بگشایند سوی مرز نور

دهم مارچ ۲۰۱۵م

۱۴۳- اوج آه

بهار عشق فردا و چراغ روشن ماه را

بی آویزم بدور کمرم وقت سرودن

شکوه لمس فرحت اوج آه را

بنازم در میان سینه وقت آرمیدن

بپویم ارزش راز وفا را از گُلی تر

که می خندد بروی آب بستان با شکفتن

۲۰۱۵-۱۶-۰۶

۱۴۴- دقیقه های متروک

تو میروی

من در کورهراه تنهایی قدم می زنم

تو با سرعت، جاده ای باریک را می پیمایی

من در انتظار می مانم

تو در پوستم رخنه می کنی با سرعت نور

قلبم را می فشاری با ظرافت دقیقه های متروک

من ناخودآگاه همه را می پذیرم

تو مرا آغوش می دهی

من در میان عطر خاطرات، مبهوت به امروز فکر می کنم

چون تو ای سال

ای زبونی و فرحت اندوخته هایم

ناخواسته مرا یکسال مهتر در تپش لحظات کشانیدی

تا برای فردا بهتر از پار بی اندیشم

۰۶-۱۸-۲۰۱۵

۱۴۵- بهای پول

پول را بی بها میدانم

زمانیکه

مرز میشود بین عشق و سرور

دیوار میشود

بروی احساسات معصوم

و زمانیکه

خونخوار میشود

ز برای نوشیدن انسانیت از رگه های غرور

۲۰۱۴-۰۷-۰۵

۱۴۶- برگ آفتاب

رنگ چشمانت را نمی دانم

اما به یقین که گرم اند

چون برگ های آفتاب زده ی بهاری

۱۴۷- پرده ی آزرم

زمستان سردی را محکم گرفته

سوداء هستیش را غم گرفته

ز رمز همنشینی با سپیدی

ز رنگهای بهاری زعم گرفته

نبیند جز بلورین قطعه ی یخ

که نقش سِر دل آرم گرفته

تا چشمش چلچراغ اشعه شب

ناهید را پرده ی آزرم گرفته

گلاب را ز آسیب مست سردی

به رخسارش حریری شرم گرفته

محبت با سکوتش باغچه ها را

در عمق منزلت ز رحم گرفته

زمستان رنگ و تصویر بهار را

در آغوش با امیدش نرم گرفته

۲۰۱۳-۱۵-۰۹

۱۴۸- شکفتن اعماق

وقتی با تو هستم اعماقم می شکفند

اتاقم رو به خلیج رو می آورد

پنجره هایش چون کبوتران سپید با منقارهای نفیس زرورقی

شعاع نور را در من می ریزند

شیشه پنجره، کشتی تن من میشود به روی دریا

دریای گشاده به اقیانوسی از بیخودی

دشواری ها، دردها، کاستی ها

و بیخودی من در تو و در آن دریا

تا هر دو آرام می گیریم با حس یگانگی

با قرار و بی همتا

۲۰۱۴-۱۵-۰۱

۱۴۹- شهر آفتابی

صدایت نوازشم کرد

خنده های آزاد از گلویت خموشم کرد

ذهن و روانم را سرانگشتان بیان تو نواخت

و با قرار

مهر لبانت مدهوشم کرد

دیروز من و تو از همدیگر بیگانه بودیم

دو اجنبی که در موازنه خط های نامرئی منزل مقصود

بدون حس یکدیگر, راه می پیمودند

تو در جاده بارانی شهر با موهای خیس و چشمان منتظر به خورشید

قدم می گذاشتی

و من در شهر آفتابی

پی سایه های چنار برافراشته

تن می سپردم

اما اکنون دگر ما را

صدای در امتداد رنگین کمان آرزوها وصل کرده است

رنگین کمانی

که از سایش باران و نور قد می کشد در آسمان ها

۲۰۱۵-۱۵-۰۵

۱۵۰- مردان

مردان جز بنیاد ما هستند

با قوت طینت شان تخم هستی را در ما کاشته اند

سخاوت دستان پدر

لطافت آغوش شوهر

بوسه های لطیف فرزند پسر

همه

نمونه های نعمت اند

۲۰۱۵-۱۲-۰۳

About Author:

Shahla Latifi was born and raised in Kabul, Afghanistan but now lives and writes in Florida .

Her first poetry selection Parastooha was published in 2013.

Many of her poems deal with inhumanity, but despite of all she is passionate about love and equality.

Title: Asal Wahshi (Persian Edition)

Author: Shahla Latifi

Cover Design: Niloofar Alavi

ISBN: 978-1942912019

LCCN (Library Congress Control Number): 2015910633

Publisher: Supreme Art, Los Angeles, CA

Prepare for Publishing: Asan Nashr
www.ASANASHR.com